JN437377

지금쯤 그곳에는

지금쯤 그곳에는

초판 1쇄 인쇄 2011년 3월 8일
초판 1쇄 발행 2011년 3월 13일

지은이 | 최종태
펴낸이 | 金泰奉
펴낸곳 | 도서출판 띠앗
등　록 | 제4-414호

편　집 | 박창서, 김주영, 김미란, 이혜정
마케팅 | 김영길, 김명준
홍　보 | 장승윤

주　소 | (우143-200) 서울시 광진구 구의동 243-22
전　화 | (02)454-0492(代)
팩　스 | (02)454-0493
이메일 ddiat@ddiat.co.kr
홈페이지 www.ddiat.co.kr

값 6,000원
ISBN 978-89-5854-084-7 (03810)

지금쯤 그곳에는

최종태 지음

도서출판 띠앗

자서

유별나게 춥고 눈도 많은 겨울이 가고
곧 봄이 올 것 같다
혹한과 폭설을 거뜬히 견디어 내었으니
아마도 올 봄꽃들은
그 어느 해보다 곱고 화려하고 향기도 짙을 것이다

내 어리던 그 옛날
푸른 보리수염이 입천장을 찌르던
떡보리 삶은 통보리쌀이 여기저기 드문드문 섞인
무시래기밥 된장단지 속에
수삼 년 묻어 두었다 꺼낸 토종 고추지같이
아름답지도 않고 멋스럽지도 않은
구겨진 삼베옷 같은 시(詩)

누가 알아주지 않아도
멋스러운 시어가 없어 인기가 없어도 좋다
파아란 하늘에 흰구름 떠가는 듯
아름답고 환상적인 시는 아니지만

투박한 짚봉태기 같아도
있는 그대로 사실적인 시를 쓰고 싶다
누구도 쓰지 않아 내가 쓸 수밖에 없는
내 몫이라 생각하기 때문이다

봄이면 먹을 것이 없어 산나물에 생명줄을 걸던
넘기 힘든 보릿고개
지금 젊은이들에게는 아주 옛날 얘기 같은
우리 할아버지 아버지가 이렇게 살았구나 하며
공감할 얘기책 같은 시집을 남겨두고 싶다

지게에 팔 나무를 해 지고 산을 몇 개씩 넘어
5~6십 리를 달음박질치듯
아버지들 삶을 한눈에 알고
굶기를 밥 먹듯 하면서도 꿋꿋이 살았다는 걸
내일의 젊은 세대들이 꼭 알아야 할
이야기책 같은 시집을 만들어 갈 것이다

목차

1

범접하지 못할 싱싱함이
서슬 푸른 긴 수염이
칼끝같이 쭉쭉 뻗은 잎이

이제 하얀 할배 수염 같다
바람에 파도처럼 굴곡지던
흔들림마저 힘을 잃었다

갓바위 오르는 뒷길에

얼마나 밟았으면 저리도 매끄러울까
거울 알같이 반질거리며 윤이 난다
분명 살아있는 소나무 뿌리다

하나뿐인 뿌리로 생명을 이어가는 소나무
양쪽 옆은 암벽으로 막혀 V자로 난 외길
그래도 파아란 솔잎이 싱싱하다

외길바닥에 소나무 뿌리가 가로질러
몸통은 손에 잡혀 반질거리며 매끄럽고
뿌리는 발에 밟혀 반짝반짝 윤이 난다

가뭄

실낱같이 가느다란 물줄기가 내려오다
방울로 떨어지는 아주 작은 폭포 아래
어른 손등만한 시커먼 참게 한 마리가
떨어지는 물방울을 등으로 맞으며
입에선 흰 거품을 내뿜고 엎드려 있다
촉발에는 털이 무성하고 아주 사납게 생긴 놈이다

일 년 내내 물이 마르지 않는 계곡이고
더욱 이 웅덩이는 깊어 좀처럼 마른 적이 없다
가까이 접근해도 도망갈 기색 없이 움쩍도 하지 않는다
무시무시한 집게발만 들어올렸다 내렸다 하며
여차하면 공격하여 집게발로 물어뜯겠다는 듯이
집게발을 벌리고 무섭게 사람을 노려보고 있다

참게가 엎드려 있는 넓적한 돌 아래에는
어린아이 팔뚝만한 큰 뱀장어가 머리에
튕기는 물방울을 맞으며 생사의 갈림길에서
가쁜 숨을 몰아쉬며 청석을 베고 누워있다

온통 바닥이 단단한 청석으로 깔렸으니
물이 마르면 숨을 곳도 갈 곳도 없다

저 처절한 삶과 죽음의 고통은 언제 끝날 것인가
야속한 하늘은 오늘도 비는커녕 햇빛이 쨍쨍하다
얼마만큼 더 기다려야 비가 내릴까
뽀얗게 마른 갱빈*엔 갈 곳이 전혀 없는데
큰 바위 틈에서 떨어지는 저 물방울이 언제 멈출지
저 물방울이 멈추면 저들은 죽는다

* 갱빈 : 시냇가, 하천, 계곡을 뜻하는 경상도 사투리

새벽 산에 올라보니

하얀 안개 여명에 취해 너울거리고
기이한 안개 바다는 황홀경이다
소주 한 병 안주 한 접시 조각배에 싣고
안개 바다에 빠진 토끼 건져 술 따르게 하고
갈 곳 몰라 멀뚱거리는 노루 불러 노 젓게 하니
나는 신선되어 조각배 타고 선경을 구경한다

저쪽은 험상궂고 못 생긴 괴석섬이요
이쪽은 몸통 붉고 가지 넓은 솔섬이로다
새벽을 깨우려고 동녘이 붉어오니
하얀 바다 저쪽에서 뻐꾸기 노랫소리에
산토끼도 노루도 엉덩이 흔들고
미끼 달아 뱃전에 걸어놓은 릴대도 춤을 춘다

이번에 보실 곳은 촛대같이 쭉 곧은 바위섬이요
다음에 보실 곳은 바위 위에 홀로 선 솔섬이외다
그 다음이 억새꽃 흐드러진 가을 터미널입니다
자연이 그려 놓은 웅장한 그림 속을

나는 술 마시고 뻐꾸기 노래하고 산토끼 노루 춤을 추며
돌출된 섬을 비켜 하얀 바다에 조각배 홀로 간다

떫은 그리움

진록색 감잎 사이에
작고 볼품없이 피는
꽃 같지도 않은 감꽃

시고 떫은 그 감꽃을
강아지풀 홰기*에 길게 꿰어서
들고 다니며 입으로 따먹었지

입안이 부은 듯 두꺼워져도
먹고 먹고 또 먹던 떫은 감꽃이
오늘따라 몹시도 먹고 싶구나

---

* 홰기 : 갈대, 띠, 억새, 짚 따위의 껍질을 벗긴 줄기
  '새꽤기'의 충청도 방언

백령도 두무진

자연이 천둥같이 만들어 놓은 웅장한 대작에
억만 년 비바람과 파도가 다듬어 놓은
걸출한 장군들의 투구상 4km 해변에

벌거벗고 속살을 다 드러내 놓은 채
낙조를 안고 신음하는 분홍빛 황홀경
투구 쓴 장군들이 황혼 사열을 받고 있다

갈매기 날아들면 파도 따라 철썩이고
흰 갈매기 날갯짓에 붉은 황혼 휘감겨
한 번은 희였다 한 번은 붉어진다

물범들은 넙적 바위에 누워 낙조를 즐기고
가마우지는 삐쭉바위에서 털 고르기 하는데
백갈매기 훨훨 나는 백령 절경 두무진

버들꽃

꽃 피고 지던 4월은 가고
잎 피어 푸르른 5월이 왔다
버들꽃 날리는 낙동강에는
싱그러움을 재촉하는 비가 내리고

잔잔하던 강줄기가 거칠게 요동치며
사나운 회오리가 휘몰아친다
줄지어 늘어선 푸른 버들이
히죽히죽 웃으며 너울거리고

비 맞은 버들잎은 새로워졌는데
솜털 같은 버들꽃은 날지 못하고
속살까지 다 보이며 물에 떨어져
강물 따라 소리 없이 떠내려간다

보리밭

범접하지 못할 싱싱함이
서슬 푸른 긴 수염이
칼끝같이 쭉쭉 뻗은 잎이

이제 하얀 할배 수염 같다
바람에 파도처럼 굴곡지던
흔들림마저 힘을 잃었다

온 들보리가 하얗게 변하니
모든 걸 포기하고 이제 서서히
세상을 하직하려나 보다

봄 폭설

우수가 다가오는데 이 눈은 무엇이란 말이냐
외딴 산골 작은 동네를 눈 속에 묻어 버리고
모든 길을 끊어 버렸던 일을 벌써 잊었단 말이냐
산골 마을을 며칠씩 고립시켜 그 불편을 주고도
아직도 더 괴롭힐 건덕지가 남아있단 말이냐

그토록 춥고도 더 추울 여력이 남아있는가
초겨울 눈으로 하우스 농사를 깡그리 망쳐 놓고도
아직도 더 망칠 하우스가 남아있단 말이냐
밭고랑같이 깊이 파인 농부들의 주름진 얼굴에
절망과 한숨과 탄식을 보지 못했단 말이냐

주저앉은 하우스 앞에 주저앉은
말라비틀어진 농심을 보지 못했단 말이냐
검버섯이 핀 갈구리 같은 손등에 떨어지는
굵은 눈물방울을 보지 못했단 말이냐

저승꽃이 핀 할매 할배들의 얼굴을 타고 내리는
두 물줄기를 정녕 보지 못했단 말이냐
오늘도 수많은 농심들은
하늘을 쳐다보고 있다

봄 구름아

이 봄에 뭐가 그리 바빠
나는 듯 서둘러 가는고

위에는 청 푸른 하늘이
아래는 오색 봄꽃이 고운데

하늘 보고 봄꽃 구경하며
쉬며 놀며 가도 될 것을

봄이 온다

순한 바람이 봄소식 전하려고
산마루를 쉬엄쉬엄 넘어가니

흰 구름도 바람 따라
먼 눈 살피며 넘어간다

비 맞은 산 준령엔 약속한 듯이
진달래 봉우리 만산에 맺혀진다

심산 저수지 물속 풍경

나뭇잎 하나 움직임 없는 고요하고 맑은 날
목청 고운 산새들이 숲속에서 노래하니
잠자리는 억새 잎에 앉아 낮잠 청하고
호랑나비 개나리꽃에 앉아 날개 펄럭거린다

흰 구름 흘러가니 붕어떼 따라가고
아름드리 송림 속을 잉어떼 어슬렁거린다
칡꽃 휘늘어진 커다란 칡넝쿨 속에는
버들치떼 까불대며 한가로이 놀고 있다

수천 년 이전의 소리까지도 다 들으며
험상궂은 괴석 위에 앉은 늙은 솔개는
도 통한 고승처럼 조용히 눈알 굴리며
새 잡을까 잉어 잡을까 생각에 잠겨 있다

저쪽 편에서 실성한 잉어 한 마리가
허공으로 솟구쳤다 풍덩 물에 떨어지니

잔잔한 물결이 칭칭 감기며 밀려와
물속 풍경이 스프링으로 변했다 사라진다

아카시아 꽃

멀대같은 아카시아나무에 꽃이 피었다
봉우리 능선 골짜기 가릴 것 없이
그 비 그 바람 맞고 오늘을 준비했다

손꼽아 기다려 터트린 5월의 함성
떼지어 일제히 소리 지른다

건너 산도 눈 온 듯하고
그 너머 산도 저 멀리 산도
모두 하얗게 뒤덮였다

척박하고 삭막한 땅에서 힘들게 터져
휘늘어져 덜렁거리는 백화

흰꽃 늪에 앉아 눈을 감으면
향그러운 꿀향이 오월의 푸름보다
상큼하고 편안하고 순정적이다

벌이 떼지어 꽃송이마다 꿀을 탐하니
눈도 코도 마음도 다 즐겁다

사랑놀이

파란 잡풀 자라난 산 밑 배밭에
하얀 배꽃 어지럽게 바람에 날리는데
붉은 벼슬 한껏 자란 잘생긴 장끵이
요란스럽게 암컷 부르며 날갯짓한다

밭둑 아래 붉은 꽃 핀 돌복숭 나무 아래서
발정난 암컷이 살금살금 배밭으로 올라간다
붉은 벼슬 화려한 깃털을 보고 한눈에 반해
온 몸을 비틀고 배배 꼬며 사랑을 허락한다

흰 꽃잎 붉은 꽃잎 흩날리는 배밭에서
격렬한 사랑놀이 순간에 끝이 나고
암컷은 깃털 흔들어 고르며 시치미 뚝 떼고
아무 일도 없었다는 듯 딴청부리며 가고
목청 높여 구애하던 수컷도 딴전 피운다

오월이 가려 한다

삐쩍 마른 대지를 초록으로 그려 놓고
텅 빈 들을 하나하나 다 채워놓고
메마른 담장에 줄장미 붉게 피워 놓고
오월아 너는 그냥 가려 하느냐

과일나무마다 잎 피워 꽃 피워
주렁주렁 과일이 열려 굵어지는데
그 많은 과일들 다 익기도 전에
오월아 너는 정녕 가려 하느냐

고추가 열리고 오이도 열리고
가지도 열리고 호박도 열렸는데
너는 어찌 그 하나도 맛보지 않고
오월아 너는 그대로 가려 하느냐

이것이 봄

이 꽃 피니 저 꽃 지고
저 꽃 피니 이 꽃 진다
희고 붉고 노란 꽃이

여기 저기 앞 다투어
쉴 새 없이 피고 지네
날 짐승도 발 짐승도

이리 날고 저리 뛰며
예의염치 찾지 않고
더 못 참고 짝짓네

일지매

진눈개비 흩뿌리는 짓궂은 봄날
홍매화 한 가지 꺾고 싶다

여기저기 사방을 둘러보니
꽃 한 가지 주고 싶은 사람 있다

몽실한 매화 봉오리 같은
그런 사람이다

하지만 염치가 없어
꽃 한 가지 줄 용기가 나질 않는다

차라리 꺾지 않고
나무에 그냥 두고 보련다

입춘

입춘이 지났으니 절기로는 봄인데
추위는 올겨울 들어 제일 춥단다
입춘이 지나면 땅속에서 따스한
기운이 솟아오른다는데

지금쯤 땅속에는 혁명이 일어나겠지
부지런한 놈은 일어나 정신을 가다듬고
여차하면 뛰어나갈 준비 할 것이고
게으른 놈은 이불 속을 파고들며
조금만 더 자자고 떼를 쓰고 있겠지

그래도 너무 일러 나가기가 무서워
머리로 땅을 꿍꿍 박아 보지만
아직은 꽁꽁 얼어 꼼짝도 하지 않고
힘을 모아 파아란 색을 만들며 기다리겠지

세상 구경 가려면 팔다리 운동도 하고
멀지 않아 앙상한 가지마다 모두 매달려
꽃도 피우고 파란 집을 지으며 살아가겠지

참꽃 지고 개꽃 피면

참꽃 지고 개꽃 피면
솔순이 뻗어 오르고
솔가지에 물오르면
꿩털이 뽑자 달구털이 뽑자 하며
솔가지 뽑아 회 쳐 먹는다
작은 솔가지 손으로 틀어 당기면
쪽 솔가지가 뽑힌다

뽑힌 솔겁질에 붙은 솔잎 당겨
솔가지 속살 드러나면
송기 회 쳐 먹는다

참꽃 지고 개꽃 피면
산나물 돋아나고
보자기에 산나물 뜯어 삶아
산나물 된장 삶은 보리쌀 버무려서
허기진 배 채운다

고향의 봄밤

초승달이 허공에 떠 있으니
대해를 홀로 항해하는 쪽배 같고

고기잡이배들의 깜빡이는 불빛은
창공의 반짝이는 별빛이로다

활짝 핀 백매화는
한기 서린 밤하늘의 은하수 같고

떨어지는 백매화 잎은
달빛 속에 춤추는 흰 나비로다

鄕愁 8

찬 기운 남아있는 따뜻한 봄날이면
쑥잎이 나풀나풀 머리 쳐들 때
거랑가 천방 둑을 뒤져 쑥뿌리 캔다

거랑 물에 흙 씻어 바구니에 다시 담아
소죽솥에 가득 부어 소죽 끓이고
마구에 한 소통 가득 소에게 퍼다 준다

저녁 먹고 동네 친구들 한데 모이면
하룻밤에 몇 개씩 알사탕 외상 먹고
어느덧 알사탕 값이 쌀 한 되 값이 된다

들며 날며 도장문과 엄마 눈치 살피며
엄마 몰래 쌀 훔칠 생각에 잠도 설치고
외상으로 먹은 사탕 값 쌀 아니면 갚을 길 없다

2

어디서나 홀로 피는 외로운 나리꽃
노랑나비 흰나비는 푸대접해도
호랑나비 찾아와 날개 펄럭거리면
나리꽃은 좋아서 꽃잎을 뒤집는다

아무리 잡풀들이 무성한 곳에서도
무리 짓지 않고 홀로 피는 의지 굳은 꽃

개망초

강둑 밭둑 척박한 땅에도 잘 자라는 꽃
너무 흔해 개망초라 이름 붙였나
잡초라 여겨 미련 없이 베고 뽑아버리는 꽃

꽃 중에 개망초만큼 꽃잎 많은 꽃은 없다
독립된 꽃잎이 70에서 100여 개
사람 입에 담기조차 아까운 해맑은 꽃

한여름 가뭄에 잎이 오그라들어도
끝없이 내리는 짓궂은 장마 속에서도
거뜬히 꽃 피우는 하얀 개망초

강줄기에 안개길

모암봉에 올라 새벽 강을 내려다보니
휘 돌아 흐르는 낙동강 줄기 따라
하얀 안개 피어올라 넓은 길이 트였다
이른 새벽에 생겨난 차 없는 고속도로

낙동강 물길 따라 꾸불꾸불 새로 난 길
저 길 위로 고속으로 달려보고 싶다
을숙도에서 청량산 밑에까지
붉은 해 뜨기 전에 잠든 바람 깨기 전에

길 양쪽에 우거진 싱그러운 녹음 먹으며
새로 난 하얀 길이 걷히기 전에
오고가는 차 없으니 고속으로 내달려도
거칠 것 없는 여명 속에 뻗은 길

꾸부러진 구간은 허리 굽히고
확 터진 구간은 허리 쭉 펴고

잠든 바람 깨기 전에 차 없는 새벽에
굽이굽이 돌아가는 강줄기 따라

누가 물으면 이렇게 말하여라

먼 훗날 누가 나를 묻거든
한여름 뜨거운 조 밭고랑에
쇠비름처럼 살았다고 말하여라

뽑아 밭둑 아래 던지면 거기서 자라고
땡빛 아래 밭고랑에 그냥 두면
죽은 척하다가 밤이슬 맞고 살았다고 말하여라

뿌리 못 내리게 바위 위에 얹어 두면
낮에는 죽고 밤 되면 밤이슬 먹고 살고
억울해서 영 죽을 수가 없었다고 말하여라

뜨거운 한낮에는 죽었다가
밤이슬 맞으면 살아나는 쇠비름같이
그렇게 모질고 질기게 살았다고 말하여라

물총새

햇빛 쨍쨍한 여름날 굉망골 마당 소(沼)
숲속에서 날아온 물총새 한 마리
물속으로 푹 버들치 물고 올라간다

한가하던 버들치떼 사방으로 흩어지며
잔잔하던 넓은 沼가 물보라를 일으키고
수많은 동그라미가 커지며 퍼져간다

물총새 그놈 참 빠르고 당찬 놈이다
이 넓고 깊은 沼를 눈 깜짝할 사이에
겉과 속을 요동치게 만들어 놓고 간다

백령도 콩돌 해변

파도가 밀리고 쓸리며 만들어 논 콩돌
억만 년 부대끼고 갈리어 만들어진 예쁜 돌
앵두같이 앙증맞은 콩알 같은 자갈돌

콩 타작마당같이 탐스러운 콩돌 해안에
찾아오는 사람들 신발 벗은 발자국
옥빛 물이 밀려오고 밀려가며 다 지운다

콩알 사이로 파도가 밀려오면 도르르 구르고
콩알 사이로 물 빠지면 사르르 구른다
도르르 굴리고 사르르 굴러 만들어 논 콩돌

세월과 파도가 만든 천 년 기념물 콩돌 해변
보석 중에 보석 같은 오색의 콩돌을
날마다 밤마다 때 묻을까 헹구고 또 헹군다

뽕나무 오디

산 밑 밭둑에 늘어선 뽕나무에는
해마다 이맘때면 오디가 까맣게 익는다

낮은 곳은 아이들이 까만 것도 따먹고
높은 곳은 어른들이 오며 가며 따먹고
꼭대기 가지에는 까치들이 따먹고
가는 가지에는 굴뚝새들 따먹네

꽃 피지 않고 열매가 달리는 희한한 뽕나무
까맣게 익은 오디 실컷 따먹고 나면
입도 까맣고 이도 까맣고 혓바닥도 까맣다

벌레들은 뽕잎 뒤에 숨어 먹고
그 자리에서 자고 누워 가며 따먹고
지나가던 멧비둘기들도 한 입씩 거들고 간다
따먹고 또 따먹어도 매일 익는 까만 오디

엿장수와 물방개

아침나절 엿장수*가 논물 귀에서
풍선 달린 앞뒷발로 폴짝폴짝 뛰다
물풀잎에 발 올려놓고 낮잠 드니
물방개도 물위를 실성한 듯 뱅뱅 돌다
물풀잎 베고 가만히 잠들었다

흙 속에 먹이 찾던 소갈머리 없는 두더지가
물 고인 물 귀밑을 헤집고 지나가니
순식간에 고였던 물 다 빠져나가고
물위에 잠들었던 엿장수와 물방개가
선잠 깨어 기겁한 소리로 살려 달라 소리친다

---

* 엿장수 : 소금쟁이. 다리가 가늘고 길며 몸은 굵은 모기처럼 생긴 곤충. 달콤한 엿냄새를 풍겨서 엿장수라 불린다.

우장(雨帳)

들일 나갈 때나 소 먹이러 갈 때나
우장 하나 어깨에 걸고 간다
억센 풀밭에 깔면 돗자리도 되고
갑자기 소나기 오면 우의(雨衣)도 된다

마당에 누워 별 볼 때도 우장만 깔면
더 바랄 것 없는 좋은 자리가 되고
샌 날 지고 비 오는 날 모심을 때도
우장만 입으면 따뜻하여 모심기도 좋다

나락짚으로 만든 건 무겁지만 질기고
보릿짚으로 만든 건 가볍지만 잘 해어진다
요즘은 구경도 하기 어려운 우장이지만

그때는 들일 하다 점심 먹을 때
나무그늘 아래서 낮잠 즐길 때
비 맞는 농기구 덮어 놓을 때
다용도로 쓰이는 소중한 우장이다

우쿵이 밀고 온다

고장 난 불도저처럼 밀고 오는 비바람
이글거리는 태양의 열기를 식히지 않고선
가을 문이 열리지 않을 것 같아
우쿵이 앞장서서 가을 문을 열고 있다

세차게 불며 억수같이 퍼부으며
우쿵이 밀고 올라온다
그 위력에 수많은 해수욕장 인파도
계곡 원색의 텐트촌도 다 흩어진다

물러설 줄 모르던 찜질방 열기도
꼬리를 내리고 서서히 식어간다

땀 냄새 씻겨 나간 산야에는
청명하고 시원한 바람에 백과가 여물고
향기 짙은 야생화도 피어나리라

누리미 동네 당나무

천 살도 더 먹은 우리 동네 당나무
고사목 가지에는 딱따구리 집을 짓고
시원한 그늘에 참매미 말매미떼 노래하는 곳

할배는 돌 위에 짚신짝 얹어 베고
할매는 보리짚단에 삼베수건 얹어 베고
아저씨는 맥고자에 검정고무신 얹어 베고
아이는 우장 위에 팔베개하고 낮잠 자는 곳

누리미 동네 사람들 모두 다 품고도
넉넉하게 남는 두꺼운 그늘
몸통은 썩고 삭아 텅 빈 허공이지만
저 많은 가지 잎 다 먹여 살린다

속 빈 몸통에 큰 구렁이 늘 드나들어도
우리 동네 지켜주는 수호신이요
여름이면 오침 즐기는 고마운 당나무

울지 않는 매미

유리창문 열어 놓은 방충망에
벙어리 매미 한 마리 붙어 있다
안에서 손톱으로 살살 긁어도

배짱이 좋은 건지 멍청한 건지
꼼짝도 않고 그냥 앉아 있다
저놈 인범(寅範)이 만큼 세상 물정 모르는 놈

운비(雲飛)*가 보면 목숨 부지하기 어려운데
후딱 날아가라고 일러 주어도
미동도 하지 않고 그냥 앉아 버틴다

---

* 운비 : 외손녀

가을장마

구멍 난 하늘에서 쏟아지는 장대비
저 넓은 강 위에 빗방울이 가득하다
낙동강 수위는 시시각각 차오르고
떠내려 오는 쓰레기는 많기도 많아
비오리들 황톳물에 뱃놀이 한다

밥 굶은 멧비둘기 구구구 울어 대고
물 넘는 봇도랑에 왜가리들 모여들어
미꾸라지 잡으려고 두 눈이 번득이고
전깃줄에 앉은 까치들 갈 곳이 없어
하늘만 쳐다보며 물방울 털어낸다

멎어야 할 장대비는 멎을 줄 모르고
요란한 번개 섬광만 비처럼 내려오네
입고 있는 옷에선 쉰내가 진동하고
입 큰 나팔꽃 천둥소리에 고개 숙이고
자욱한 솔밭에선 하얀 안개 피어난다

조밭 매는 아지매

삼베 수건 한 장 머리에 얹어 쓰고
가물 타는 조밭에 풀 매는 저 아지매
발바닥이 뜨거워 짚신을 끌고
팔뚝과 손등에는 땀과 흙이 범벅되어
흙탕물이 줄줄이 흘러내린다

마른 조밭 고랑에 앉으면 숨이 턱턱 막히고
덕지덕지 한데 붙은 조삭과 풀 뽑으면
뜨거운 햇살에 이내 말라 죽으니
뜨거운 날 조밭 매면 효과는 만점이다

조밭 매다 갈증 나면 주전자로 약물 떠 와
차고 매운 약물 한 바가지 들이키면
온몸에 기가 살아 눈이 번쩍 뜨이고
호미질이 가벼워 잘도 나간다

참나리꽃

적막을 뒤집어쓰고 흠뻑 이슬 맞더니
주황색 나리꽃이 꽃잎을 열었다
칡넝쿨 우거진 험하고 외진 곳에

꽃잎에 검버섯이 핀 늙은 할매꽃
호랑나비 할배 되어 나리꽃에 앉으면
꽃인지 나비인지 분간하기 어렵다

어디서나 홀로 피는 외로운 나리꽃
노랑나비 흰나비는 푸대접해도
호랑나비 찾아와 날개 펄럭거리면
나리꽃은 좋아서 꽃잎을 뒤집는다

아무리 잡풀들이 무성한 곳에서도
무리 짓지 않고 홀로 피는 의지 굳은 꽃

청령포 노산대

밝은 달이 소리 없이 산을 넘어가면
노산대 걸터앉아 청령포 바라보며
맘속으로 그리는 그리움은 詩가 되어
적막 속에 입 밖으로 흘러나온다

별빛이 영롱한 어두운 밤이면
늘 죽음의 그림자가 서성거리고
두려움은 가슴을 옥죄어 오는데
생의 그림자는 허수아비마냥 건들거린다

보고 싶은 우리 님은 유성 타고 오시려나
반딧불처럼 소리 없이 강 건너 오시려나
실낱같이 가냘픈 여운은 詩심으로 이어지고
마음은 학이 되어 한양으로 날아간다

마음과 살가운 정이 오고가던 그 길이
힘을 잃었다고 그리움도 잊어지랴

한때는 일국에 왕이요 왕비거늘

분노한 얼굴로 별 반짝이는 하늘을 쳐다본다

추불산 위봉사

35, 6도를 넘나들며 찌는 듯 한여름 날
추불산 그림자가 위봉사를 내려 덮고
길게 검은 꼬리를 늘어트린 오후

60미터 위봉 폭포 소리가 들릴 듯 말 듯하고
태조와 태종의 영정을 보호하기 위해
축조된 위봉 산성 그림자가 묵직할 때

일주문을 지나 사천왕문 지장전을 거쳐
보광명전 앞에 걸음을 멈추니
굵은 기둥 진한 선이 나를 위압한다

보광명전 앞마당에 300년 노송은
고고한 기품과 건장함을 자랑하고
아담한 종각은 단청을 뽐내며 살포시 앉아있다

추불산 위봉사는 비구니들의 수련장
잡초 뽑는 비구니들의 손은 눈처럼 희고

얼음장같이 차갑게 몸과 마음을 닦는 곳

머리 들고 앞을 보니 앙증맞은 사리봉이
추불산 그림자에 눌려 가만히 누워 있고
대밭같이 쭉쭉 곧은 소나무들만 키 자랑한다

한려해상공원

물에 뜬 풀잎처럼 여기저기 흩어져
부초처럼 떠 있는 크고 작은 섬 섬들
넘실대는 바다에 솔밭을 이고 앉아
가지에 솔바람 타고 물 위로 떠다닌다

적도 납도 맥도 소도 모도
미륵산 케이블카에서 내려다보면
왜개연*이 물속에 뿌리 내리고
파란 잎들이 검푸른 물에 여기저기 떠 있다

그 옛날 죄인들의 유배지이던 이곳에
왜적선이 부서지고 불타던 그 바다에
유람선이 이순신 장군의 격전지를 돌아가고
충렬사 돌계단의 푸른 이끼가 세월을 말해준다

---

* 왜개연꽃 : 수련과 여러해살이풀로 늪지대에 분포

鄕愁 7

암마래* 다리갓* 밑에 감자 캐오면
거랑물에 들어부어 흙 씻어 내고
버지기*에 다시 담아 다리 둥둥 걷어붙이고

감자를 쿡쿡 밟으면 금방 캔 감자는
껍질이 거의 다 벗겨진다
나머지는 놋숟가락으로 긁어내면 간단하다

하얀 백철 솥에 채반 놓고 삶으면
먹음직스러운 분 나는 감자가 입맛 돋운다
일이 바쁠 때는 피감자도 삶아 먹는다

---

* 암마래 : 작은 골 이름
* 다리갓 : 골 위에 있는 산
* 버지기 : 둥글넓적하고 아가리가 넓게 벌어진 질그릇(경상도 방언)

鄕愁 10

산비알* 한적한 원두막에 밤이 오면
하늘에는 수많은 별들이 영롱하게 반짝이고
건너 산 숲속에선 두견이 노래한다
흔들리며 펄럭이던 초롱불 꺼지면

삼단같이 긴 머리 풀어헤친 치마 입은 귀신도 보이고
술 취해 비틀거리는 두루마기 입은 귀신도 보인다
무서워 오줌은 질금질금 나오고
막대기로 원두막 기둥을 두들겨 대면
저쪽에서 킥킥 웃는 소리에 제정신이 번쩍 들어

수박 서리 온 놈들을 때려잡으려고
원두막에서 뛰어내려 바람같이 달려가
술 취한 두루마기 입은 귀신을 몽둥이로 때려잡아
덮어쓴 보자기 벗겨 보니 친구놈들일세

---

* 산비알 : 산 중턱 평평한 곳(경상도 방언)
* 산비탈 : 경사진 곳

鄕愁 12

깜깜한 여름밤 마당 멍석 위에 목침 베고 누우신
할배 손바닥에 ㄱ ㄴ ㄷ ㄹ을 쓴다
쓰고 또 쓰고 또 쓰다가
이제는 잠이 드셨나 싶어 쓰기를 멈추면

이놈아, 똥글은 이렇게 배워도 된다
뭐 할라고 그 먼 핵교는 가느냐
그까짓 똥글 아무리 배워봐야
밥이 나오냐 돈이 나오냐 하시며 고함을 치신다

그 소리가 듣기 싫어 고부라질 때까지
할배 손바닥에 ㅏ ㅑ ㅓ ㅕ를 쓰고 또 쓴다

3

언제나 내 등에 업혀 다니면서
나를 괴롭히고 고생시켰다
나는 너를 좋아할 수 없는데
그래도 너를 떼어 놓을 수가 없었다

운명처럼 너를 업고 다녀야 했다
현재를 살기 위해 업었고
밥을 먹기 위해 업어야 했으며
나를 지탱하기 위해 업고 다녀야 했다

산책길에

돌 틈에 끼여 뿌리 내린
바알간 땡가시 열매

밤새 서리를 맞아
뽀얗게 분칠을 했다

살기 버거워 잎도 버린 채
바들바들 떨고 앉았다

아침 햇살에 서리 녹은
바알간 땡가시 열매

맑은 물방울이
조롱조롱 열려 있다

붉은 땡가시 열매에
투명한 구슬이 달렸다

백령도

검푸른 바다를 건너 백령도 용기포에 닿으면
먼저 이곳의 명물 사곶 해변을 만난다
자동차가 전속력으로 달려도 아스팔트 같은 구조토 해변
군용 수송기가 내렸다 뜨는 단단한 천연 비행장
사곶 해변은 우리나라에 하나뿐인 천연기념물

심청전의 배경 무대인 서해 북단 백령도
공양미 삼백 석에 몸은 던진 인당수가 보이고
치마로 앞을 가리고 바다에 뛰어드는 효녀 심청상
백령면 진촌리 언덕 위 심청각에서 바라보면
저 멀리 가물가물 북녘 땅 장산곶도 보인다

파도가 만들어 논 콩알만한 자갈돌 해안
수억 년 세월을 구르고 굴러 만들어진 콩돌들
맨발로 콩돌 위를 걸으면 전신에 닿는 아릿한 감촉
녹두도 팥도 흰콩도 검은콩도 양대 콩도
콩 멍석을 깔아 놓은 2km 오색의 천연기념물

하늘로 쭉쭉 뻗어 키 자랑하는 암벽 해변
백령도 늙은 신이 야심차게 만든 기묘한 바위 절경
짙푸른 바다와 조화를 이룬 서해 해금강
오늘도 북이 침략할까 무거운 투구 눌러쓴 채
눈을 부릅뜬 장군들이 밤낮으로 경계 서는 두무진

산불

산불이 나면
풀도 타고 나무도 탄다
새 집도 타고 사람 집도 타고
천 년 묵은 고찰도 탄다

산불이 나면
나는 놈은 날아가고
뛰는 놈은 뛰어가고
기는 놈은 기어가고
어디론가 다 가버린다

산불이 나면
생명은 모두 없어지고
희뿌연 재만 날린다
타버린 나무 다시 자라나고
가버린 놈 다시 돌아오려면
길고 긴 세월이 걸린다

산사의 가을

속세와 연을 끊은 절 뒤에 명산 있고
높고 깊은 명산 아래 사찰이 있다
사찰과 나무와 가을이 삼박자를 이루니
그 어울림이 설명하기 어려워라

한 해를 마무리하려고 몸단장 곱게 하니
이 좋은 풍광에 오래도록 머물고 싶다
산사의 숲에 앉아 가만히 귀 기울이니
산새들의 목소리가 왜 고운지 알 듯하여라

분주히 떨어지는 낙엽도 아름답고
한적한 산사의 가을 경치도 아름답고
조용히 피어오르는 산사의 낮 연기도 아름다워라

곱게 화장한 몸에 그 화장 지우려고
사나운 바람이 심통을 부려 대니
울퉁불퉁 삐쭉삐쭉 맨 얼굴 되었어라

아라리 정선

정선 가을 속으로 걸어 들어간다
앞 뒤 옆 골짜기 능선 봉우리 산뿐이다
각희산에서 바라본 백두대간 능선이
단청(丹靑)으로 갈아입고 달려 들어온다

정선 옛 거주 문화를 재현한 곳
아라리촌의 모습도 아주 이채롭다
와가집 굴피집 너와집 저릅집 돌집
지금은 보기 드문 귀틀집에 전통 가옥들

정선 물레방아 연자방아 통방아
서낭당의 모습까지 볼 수 있어 좋다
구절리역에서 아우라지역까지
레일 바이크를 타는 재미도 솔솔하다

정선 두루뭉술한 산 뾰족한 산
그 산들이 모두 단청(丹靑)으로 갈아입으니

산속의 만추(滿秋)는 절정에 이르러
마치 웅장한 사찰 대웅전에 든 것 같다

쓰레기통

먹다 쓰다 버린 잔유 물통
그냥 근처에만 가도 악취가 난다
젊은이의 얼굴 늙은이의 얼굴
남자의 얼굴 여자의 얼굴

한데 섞여 널브러져 있는 통
오랜만에 빈부의 격차도
지위의 고하도 없고
학벌의 유무도 따지지 않는 통

그곳에서 함께 악취 풍기며
추울 때나 더울 때나
사이좋게 같이 기거하다
함께 같은 곳으로 실려 가는 쓰레기들

아침 등산길

꽃사과 떨어진 좁은 등산로에
청설모 꼬리 살랑거리며
꽃사과 주워 물고 달아난다

무서리 맞아 늘어진 긴 억새 잎에
힘 잃은 여치가 기어오르니
눈 밝은 산새가 여치 물고 날아간다

덤불 밑에 찔레 열매 따먹던 까투리
날쌘 산새 날갯짓에 지 혼자 놀라
멀뚱거리다 저도 따라 날아간다

저 검푸른 놈

저 검푸른 놈이 아마도 미친 것 같다
실성하여 한순간도 가만있질 못하고
높은 깃대에 걸어둔 깃발보다
더 펄럭이며 나부대는 끝없이 드넓은 놈

거대한 덩치가 사람 아래 있기 망정이지
지 혼자 밀려와서 바위를 들이치고
그 뜨거운 태양도 긴긴 밤을 품고 있다가
아침에야 놓아주는 멍청하고 둔한 놈

덩치 큰 고래에서 작은 멸치까지
키 큰 미역에서 키 작은 김까지
수십만 종의 생명을 몸속에 품고 먹여 살려도
겉으로 내색도 하지 않는 통 크고 간 큰 놈

어부들이 자기 몸의 새끼를 잡아가도
에너지를 찾으려 여기저기 몸에 상처를 입혀도

영토를 지키는 군함들이 늘 시끄럽게 소란 피워도
내색 없이 다 품어주는 덩치만큼 넉넉한 놈

저 캄캄한 동굴 속에서 살아나올까?

캄캄한 동굴 속으로 침대 달구지가 밀려 들어간다
두려움에 바들바들 떨며 누운 채 핏기 잃은 그 얼굴
내 손을 힘껏 쥐고 있던 손에 서서히 힘이 풀린다
검은 동굴 속으로 들어가며 누운 채 뚫어지게 나를 바라본다
하얀 가운 입은 사람들이 사정없이 달구지 밀고 들어갈 때
그의 눈은 모든 걸 체념하고 외부의 힘에 의해 끌려간다
그리고 철푸덩 하며 육중한 철문이 닫혀 버린다

닫힌 철문에는 '외인 출입 금지'란 글씨가 쓰여 있다
두려워하는 그의 눈을 보며 마지막 날이 아니길 빈다
두려움 보이지 않으려고 억지로 웃으며 거울 앞에서
머리를 곱게 빗어 넘기던 그 모습이 너무 선명하다
마지막일지도 모른다고 용쓰며 갈아입던 속옷들
그 모습이라도 좋으니 다시 보게 해달라고 빌어본다
꿈에서만 만나지 말기를 가만히 눈을 감고 빈다

먼 길 가려면 편한 옷 편한 신발이 필요할 텐데
그걸 준비하지 않는 걸 보면 꿈에서 만나지는 않겠지

둘이 산책할 때도 손을 잡고 걸어본 적이 없는 나는
이 시각에 왜 그것이 마음에 걸리는지 알 수가 없다
잠들 때 이불 속에서처럼 손을 꼭 잡고 한번 걸어볼걸
아침에 눈곱 낀 채 머리 헝클어진 채 헤벌레 웃던 너
그 모습 꿈속 아닌 현실에서 다시 볼 수 있기를 빈다

긴 수술실로 들어간 뒤 대기실에 혼자 앉아서
지독한 그리움의 너 없는 삶이 어떨지를 생각한다
덜렁거리던 그 모습은 어느 구석에다 처박아 놓고
내가 수건 빨아 지 몸 닦아주길 바라던 그 눈빛
오뚝이같이 살아서 넘어지면 벌떡 일어서던 그 모습
누더기 같은 내 삶이 그래도 행복했던 것을 이제야
수술실로 들어가는 네 눈빛 보고 알 수 있었다

대기실에서 기다리는 시간 째깍거리는 초침소리가
몸서리쳐질 만큼 길고 두려운데 난 혼자뿐이다
모두가 내 모진 삶에 짓눌려 돌아보지 못한 탓이리라
어둡고 긴 동굴 속으로 들어간 지 여러 시간 지난 뒤

대기실 모니터에서 수술 마치고 회복중이란 글이 나온다
이제야 소중한 것과 사소한 것을 구분할 수 있을 것 같고
가슴 깊이 새겨야 할 것과 빨리 잊어야 할 것도 알 것 같다

슬플 때와 힘들 때 진솔해야 한다는 것을 알고
성숙하게 간직할 것과 배려해야 할 것을 알 것 같다
여린 풀잎 같은 당신이 땅을 뚫고 나온 새싹처럼
그 절망과 암흑 속에서 푸른 하늘을 볼 수 있겠구나
가슴 조이던 불안도 조금은 여유롭고 침착해진다
그렇다고 간절한 기도를 멈출 수는 없는 일이다
헛된 망상 없이 영혼이 맑고 가림 없이 투명한 너이기에

드디어 그 어둡고 두려운 긴 터널 속에서 나온다
일반 병실로 가는 게 아니라 중환자 집중 치료실로 간다
또 불안하여 가슴이 덜컥 내려앉는다
아직도 비몽사몽인지 제 정신인지 알 수는 없지만
입가에 옮은 미소가 번지는 것 같기도 하다
보호자와 만남은 잠시뿐 내일 아침 9시에 면회 오란다

그냥 맨 정신으론 견디기 어렵고 힘든 시간이다
취하지 않고선 집에 가서도 잠을 이룰 수 없을 것 같다

집에 와서도 눈이 말똥말똥 하여 더 취하고 싶어 마셨다
몇 시쯤에 잠이 들었는지 모르지만 눈을 뜨니 아침 9시다
너무 취해서 그랬을까 긴장이 좀 풀어져서였을까
정상으로 정신이 돌아왔다면 나를 몹시 기다렸을 텐데
이 엄청난 실수를 그에게 어떻게 설명할 수 있을까

택시 타고 달려 면회를 청하니 간호사가 퇴방*을 준다
모든 환자들이 다 면회하는데 혹시 자기를 포기한 건가
이런 엉뚱한 생각하며 속으로 울지나 않았을까
설명을 해야 하는데 뭐라고 설명해야 할지 그냥 서있다
그의 눈빛은 이미 원망으로 가득 차 얼음장같이 싸늘하다

지금도 그때 일만 생각하면 미안하고 부끄럽다
이제는 그도 다 알고 있겠지만 그래도 미안하다

---

* 퇴방 : 늦었다는 나무람

정막의 늪 속에서

깊은 숲속 가운데 서있다
얼마나 들어왔는지 깊은 늪이다
나뭇잎 하나 흔들림 없다

머리칼이 하늘로 펑펑 솟구친다
움직이지 못할 것 같은
그대로 이 두꺼운 숲이 멎었다

숨소리조차 적막에 막혀
내 안에서 칭칭 감긴다
압박해 오는 표현할 수 없는 고요

수천 년 이전의 소리까지도
모두 다 들을 수 있을 것 같은
터지는 생각을 정막의 중심에서 터득한다

지게의 한(恨)

너는 나를 땀 흘리게 하였고
너는 나를 눈물나게 하였고
너는 나를 배고프게 하였고
너는 나를 한 맺히게 하였다

언제나 내 등에 업혀 다니면서
나를 괴롭히고 고생시켰다
나는 너를 좋아할 수 없는데
그래도 너를 떼어 놓을 수가 없었다

운명처럼 너를 업고 다녀야 했다
현재를 살기 위해 업었고 밥을 먹기 위해 업어야 했으며
나를 지탱하기 위해 업고 다녀야 했다

도끼로 너를 토막 내고 싶은 마음이
굴뚝같은 때가 한두 번이 아니었다
그래도 이를 악물고 참아야 했다
끝내는 너를 버리고 야반도주했다

지금쯤 그곳에는

그곳의 가을은 분주하고 알찬 금빛이다
논밭에 허수아비는 혼자 취해 건들거리고
철 만난 참새들은 떼 서리로 이 논 저 밭으로
오며 가며 다 익은 곡식 아시* 타작하던 곳

참새 쫓는 할배 목소리는 쉬어 후여 소리 애처롭고
해 넘어간 산그늘 아래 집집마다 저녁연기 피어오르고
지난밤 서리 맞은 풀들은 땅바닥에 늘어졌고
무서리 맞은 메뚜기 뛰지 못해 굼실거리던 곳

마른 호박 덩굴에 누우런 늙은 호박이 뒹굴고
쑥대발 위에 널어놓은 진홍빛 고추는 몸을 뒤척인다
빨갛게 물든 감나무 잎은 경쟁하듯 떨어지고
낙랑 꼭대기 홍시 먹으려고 까치들 어지럽게 날던 곳

그곳의 가을은 벼 베어 타작하고 보리갈이 하고
새벽부터 눈코 뜰 새 없이 설치다 보면 해지는 것도 모른다

얼른 음력 구월이 가버려야 끝이 나는 가을일들
막걸리 한 사발도 앉아서 편히 마시지 못하던 그곳

---

* 아시 : 콩이나 참깨 등을 여러 번 털어야 할 때 그 첫 번째 타작.
'애벌'의 경상도 방언.

청설모

청설모가 대추나무에 올라 앉아
빨간 대추를 두 손으로 들고
꼬리를 살랑거린다

보고 또 보고 다시 봐도
기분이 좋고
먹고 또 먹어봐도
입맛이 땡기고

먹어도 먹어도 줄지도 않는
저 많은 대추들
올려다봐도 내려다봐도
마냥 즐거워

추석

방문 들어내 물 뿌려 헌 종이 뜯어내고
풀 끓여 새 한지로 정성껏 다시 발라
바람 통하는 곳에 잘 말려 제자리에 달고

조기 가자미 고등어 곧은 싸리나무로
꼬랑지 꿰어 처마 끝에 줄지어 널고
개 풀어 도둑고양이 고기 지키게 하고

뒤안에 감 따고 적은 골에 밤 따다가
차례상 차릴 준비 빠짐없이 해놓고
껌정 고무신 빨래비누로 씻어 널고

저녁 먹고 호롱불 아래 식구들 모여앉아
차례상에 올릴 송편 빚을 때 갑자기
쿵 하고 고목 쓰러지는 소리

만취한 아버지 마루에 쓰러지는 소리
그 소리 우리 아버지 모든 꿈 접는 소리

침묵

길다란 목을 가진
코스모스야
너는 누구를 기다리다
그리 목이 길었더냐

서리 맞아 잎 떨어진
추운 계절에
파르르 떨면서도

웃고 선 네 모습이
애처롭구나

피 뽑는 저 아저씨

땅강아지 논둑 밑에
흙 속으로 기어가고
물풀 잎에 자벌레는
키 재느라 분주하다

나락 잎에 메뚜기는
암컷 눈치 살피고
허수아비 술 취한 척
혼자 건들거린다

밀짚모자 눌러쓰고
피 뽑는 저 아저씨
땀 흘려 목마르니
막걸리 생각 간절하다

태풍 산산이

비를 앞세우고 바람으로 밀고 오는
위풍당당한 태풍 산산이 앞에
초개처럼 산산조각 나 뒹구는 과일

산허리를 안고 휘돌아가는 빗줄기는
쑥대발처럼 줄지어 밀려간다

꺾이고 뽑히고 쓰러지고 떨어지고
저 굵은 배들을 다 익은 사과들을
무참히 내동댕이치고 간다

누렇게 고개 숙인 벼를 짓밟고
강을 건너 들을 지나 산을 넘어간다
전쟁이 휩쓸고 지나간 잔해들 같다

鄕愁 9

싸리나무 갈바람에 누렇게 단풍 들 때
절탄 메기* 건너 산에 싸리나무 한 짐 해다
마당가에 차곡차곡 얹어 큰 돌 눌러놓고

밤이면 어른들 안 보이는 곳에 모여
파랑새 담배 연기 빨아 목으로 넘기면
콜록콜록 기침하며 눈물도 그렁그렁

담배 피우는 게 큰 벼슬 하는 줄 알고
밤마다 친구들 모이면 파랑새 연기 피우며
목으로 넘어가면 기침 나고 눈물 난다

호롱불도 못 켜던 깜깜한 그 시절에
멀리서 봐도 반짝반짝 담배 불빛 보이고
동네 친구들 모여 눈물 콧물 흘리며 담배 배운다

---

* 절탄 메기 : 고개 이름

鄕愁 11

정기둥 큰 바위에 석양이 걸리면
큰 거랑가에 물풀 베어다가
마당가 거름더미 앞에 모아 두고
풀 밑에 짚단 넣어 모깃불 피우고
마당 가운데 멍석 깔고 저녁상 차린다

숟갈 총으로 감자 꾹 찔러 따로 먹고
양은 적어도 남은 보리밥은 비빈다
열무김치 고추장도 넉넉히 넣고
호박잎 풋고추 넣은 찐 장도 듬뿍 넣어 비비면
보리밥 한사발이 눈 깜짝 사이에 없어진다

후여후여 참새 훑긴다

긴 대나무 장대 끝에 삼베 수건 매달고
이삭 핀 나락 논에 참새 훑기러 간다
여물지도 않은 우유 같은 하얀 쌀물
참새떼가 내려앉아 다 빨아 먹는다

이 논에서 장대로 후여후여 쫓아내면
하늘이 새까맣게 저 논으로 날아가 또 빨아 먹는다
저쪽에서 장대로 훠이훠이 휘두르면
삼밭처럼 빽빽한 대밭 속으로 사라진다

참새가 빨고 간 벼 이삭은 모두 쭉정이가 된다
땀 흘리며 애써 다 지어놓은 나락 농사를
눈 깜짝할 사이에 참새떼가 다 망쳐 놓는다

잠시 장대를 세워놓고 메뚜기 잡아 피 홰기에 꿰다 보면
반대편에 내려앉아 또 쌀물 빨아 먹는다
고얀 놈들 수백 마리씩 떼를 지어 사람 속을 뒤집는다
해가 지고 어두워야 참새 쫓는 일이 끝난다

봄비가 온다

저 봄비 맞으면
떨던 매화 가지에
꽃눈 생기고

꽃눈이 자라면
눈이 와도
바람 불어도

모두 다
밀치고
매화는 핀다

녹슨 철사줄에

전봇대를 잡고 있는 녹슨 철사줄에
초여름에는 마디마다 잎이 피더니
이제는 나팔처럼 생긴 가지색 꽃이 핀다

물기 없는 붉게 녹슨 철사줄에
밤에 오는 맑은 이슬 받아 먹고
아침이면 마디마다 늘어지게 입 큰 꽃이 핀다

꽃이 피면 살맛나게 행복한 모습이다
실바람에도 나팔 같은 큰 입 살랑거리며
아주 즐거운 얼굴들이다

4

삶을 매듭짓는 방법은
어둠에 묻혀 버리면 되는구나
아무도 모르게 소리 없이
내려앉는 어둠과 적막에 묻히면
아픈 상처 없이 사라지는 것이다

새해 아침에

어둡고 찬 바다 속에서 진하게 화장하고
씩씩하게 사방으로 붉은 입김 내뿜으며
거만하게 얼굴을 드러내는구나

엷은 구름을 뻗치는 붉은 빛으로 밀치고
오늘 새 아침은 더 거만하게
당당하게 기어이 떠오르고 마는구나

그 어두운 밤 거울 없이 화장했으니
온 얼굴에 빨간 분만 쳐 바르고
저토록 당돌하게 얼굴을 내미는구나

일 년 내내 쓰고 빨간 분만 남았던가
저렇게 빨간색으로 진하게 화장했으니
눈이 부셔 마주 바라볼 수가 없구나

터진 듯이 강렬한 붉은 빛을 쏘아대며
온 천지 사방으로 내뿜으며 첫날 아침을 여는구나

기가 막혀

수백 번을 죽었다가
다시 태어난다 해도
그분의 업적을 감히 흉내조차
내지 못할 소인배들이

세계가 부러워하고 본받아 가는
이 나라 현대사를
정의가 패배하고 기회주의가
득세한 세월이라며 침을 뱉는다

수천 년을 가난과 질병으로
피폐해진 이 나라를 구해내고
세계 속에 우뚝 세운
민족의 아버지요 위대한 초인이다

두고 보아라
대한민국이란 국호가 살아 숨쉬는 한
그분의 업적은 세월이 흐를수록 빛을 더할 것이다

나는 나다

남이 알아줄 만큼 배운 것 없고
남이 믿어줄 만큼 들은 것도 없고
남이 인정할 만큼 본 것도 없고
남이 부러워할 만큼 체험한 것도 없다

성향도 다르고 취향도 다르고
사고도 다르고 관점도 다르다

형식에 얽매이지 않고
격식에 구애받지 않고
조각처럼 다듬지 않고
가슴이 시키는 대로 쓴다

부끄러워하기도 싫고
움츠리기도 싫고
기죽기는 더욱 싫고
그래서 나는 내 맘대로 쓴다

대구 낚시

뿌연 새벽을 헤치고 선박의 엔진 소리가
귓전을 때리며 푸른 물결을 가른다
스치는 바람은 코끝을 시리게 하고
검푸른 출렁임은 마음을 긴장시킨다

50여 분을 찢어지게 쇳소리 내지르던 엔진 소리가
갑자기 부드러워지며 속도가 줄어든다
망망대해 가운데 멈춰선 동력선
바닷속을 훤히 들여다보는 모니터에서
대구들의 움직임이 포착된 것이다

모두 바닷속으로 릴을 던지고 줄을 풀어낸다
100여 미터가 넘게 줄이 풀리더니
바닥에 닿은 느낌이 온다
잠시 후 갑자기 낚싯대가 무거워지며 요동을 친다

첫 느낌부터가 대물이 틀림없다
당겨서 감고 또 당겨서 감기를 20여 분 사투 끝에

수면 위로 모습을 드러낸 통대구
너끈히 일 미터는 됨직하다

눈 덮인 산들

눈 덮인 산에 올라 아래로 내려다보니
다닥다닥 붙은 것이 모두 다 눈 덮인 산
어느 것이 앞산이고 어느 것이 뒷산인지
앞을 보면 앞산이요 돌아보면 뒷산이다

순서도 없거니와 질서는 더욱 없다
편한 대로 내키는 대로 지들 맘대로
지리로 가리로 중구난방으로
질서 없이 떼를 지어 모여 앉은 눈산들
쌀가루에 팥을 넣은 백 찜덩이 그것이다

좌우를 둘러봐도 온 전신에 눈산이다
눈 쌓인 저 산들이 눈부시게 아름다워
어디에 비교할까 곰곰이 생각하니
하, 쟁반 위에 엄마가 손으로 뜯어놓은
백 찜덩이 그것이다

대장간 아저씨

검붉은 쇳덩이를 쇠망치로 두들긴다
붉게 달은 쇠보다 더 뜨거운 열정으로
달군 쇳덩이에 땀방울 떨어지면
피시식 한줌의 김으로 산화해 버린다

달구었다 두들기기를 반복하면
더 단단하게 강해지는 쇠
도끼 괭이 호미 낫 칼
대장간 아저씨 땀방울 수에 따라 강도가 달라진다

이마에 수건을 아무리 동여매어도
땀방울은 붉은 쇠에 떨어지고
땀방울이 떨어져 산화할수록
더 강하고 좋은 도구가 만들어진다

바람 센 돌산 소나무들

키 크고 곧은 나무는 한 그루도 없다
뒤틀리고 꼬부라져 두려움에 떨고
날카로운 칼바위에 뿌리를 걸쳐 놓고
뽑혀 날아갈까 무서워 안절부절 못한다

추위를 이기려고 누더기를 껴입고
모양이나 멋 따위는 안중에 없다
몸통 붉고 쭉 곧은 도도한 소나무와는
거리가 너무 멀어 비교가 안 된다

까만 솔방울만 무수히 매달고
볼품없이 힘겹게 생명을 이어 간다
바람 한 점이라도 덜 맞으려고
크지 않고 앙당그러진 가여운 소나무들

병든 공직 사회

부(富)와 권력 앞에선 비루먹은 똥개처럼 비실거리고
가난하고 나약한 자 앞에선 광견(狂犬)보다 더 무섭다
사람이 모이는 곳에는 부패한 냄새가 진동하고
발길 닿는 곳마다 정의는 기억상실증에 걸린 환자들뿐이다

누군가 대찬 사람이 나서서 이 나라 공직 사회를
확 갈아엎어야 하는데 그런 사람이 보이지 않는다
내 편은 옳고 그름에 상관없이 지켜내야 되고
네 편은 수단방법을 가리지 않고 짓밟아야 내가 사는 사회다

어렵고 약한 자들을 살피고 도와야 할 관리들은
제 주머니 채우느라 눈에 불을 켜고 설치고
진실은 거짓 앞에 무참히 발길질 당한다
줄과 빽이 정의와 능력을 밟고 가는 한심한 사회다

이 나라에 줄과 빽과 거짓과 야합이 사라지고
정의와 능력과 진실과 실력이 대우받는 그런 사회가
언제쯤 올까

병든 나목처럼

나도 훌훌 털어버리고 싶다
다 털어버리고
홀랑 벗고 눈바람과 마주서고 싶다

얼어 죽든지
천만 다행으로 살아남으면
새싹부터 병들지 않고

아름다운 꽃으로 건강한 잎으로
다시 태어나 자라고 싶다

나에겐 털어버리고 싶은 것
씻어내고 싶은 것들뿐이다

빨래터

꽁꽁 얼어붙은 동네 앞 거랑에
방망이로 얼음을 두드려 깨고
땀 배여 짠내 나는 옷가지들을
큰 옹배기로 하나 가득 이고 나온
동네 아지매들이 얼음물에 빨래한다

그 시절은 세탁소니 세탁기란 말도
들어보지 못한 시골동네 아줌마들
빨래터에서 신랑 자랑 아들 자랑 딸 자랑
시가 흉 시어머니 흉 시누이 흉
심지어 가난까지 자랑삼아 얘기한다

빨래터가 스트레스 해소하는 장소다
주고받는 이야기에 웃음꽃이 활짝 피고
그렇게 깔깔대며 한 옹배기 빨래 다 하면
마음에 쌓였던 스트레스가 다 풀려
집으로 가는 발걸음이 한결 가볍다

섣달 그믐날

작은 움직임도 없이 고요하다
강가에 흐드러진 갈대꽃도
흔들림 없이 무서울 만큼 조용하다

도로 위를 질주하는 자동차들만
쇠 깎이는 소리를 내지르며 달린다

강물은 장판처럼 내려앉아 평평하다
흰 구름도 움직임 없이 정지되어 있다

오리들도 움직임을 멈추고
강가 모래밭에 올라와 떼 지어 졸고 있다
자동차가 끊어지면 한낮에 적막이 흐른다

강물도 속으로만 흐르는지
움직임이 없는 섣달 그믐날
나는 강을 내려다보고 앉아있다

모든 사람들이 고향으로 달려가고
차례 준비에 온 나라가 떠들썩할 텐데
나는 조용히 먼 산들을 응시하고 있다

정지된 강물 위에 오리 한 마리 헤엄치니
V자가 선명하게 그려진다
간혹 자맥질하는 놈도 보인다

어둠이 내리는 저녁 산

넘어가는 놈을 어쩌란 말이냐
까마득히 멀고 먼데
저렇게 사라지는 놈 앞에
오늘을 하직하는 모든 것들이
차례로 어둠에 묻혀 가는 것이다

삶을 매듭짓는 방법은
어둠에 묻혀 버리면 되는구나
아무도 모르게 소리 없이
내려앉는 어둠과 적막에 묻히면
아픈 상처 없이 사라지는 것이다

저 수많은 것들이 묻히며
저무는 황혼 앞에서 망연히
아무것도 하지 않는 저녁 산
오래 숨겨온 상처를 감추기 위해
보이지 않는 어둠 속으로 사라지고 싶은 것이다

어둠에 묻히면 죄값도 없고
어느 누구도 괴롭히지 않고
간섭받지 않고 쉴 수 있는 저녁 산
저 산들도 어둠 속에 자신을 감추고
조용히 명상에 잠겨 쉬고 싶은 것이다

조용한 밤의 명상(瞑想)

산 밑은 소리 없이 바쁘게 어둠이 둥지를 틀고
나의 마음은 새끼 날아간 빈 둥지같이 비어있는 밤이다

저 검은 구름 위 창공에 반짝일 수많은 별들은
바람 불고 비가 와도 변함없이 반짝이고 있을 밤이다

영원히 풀릴 것 같지 않은 내 가슴의 사슬을 끊고
나의 심중에 박혀있는 세상의 저주를 털어내고 싶은 밤이다

어둠 속에 목청껏 소리치고 저주를 퍼부으며
밤새도록 허공을 향해 두 주먹 휘두르고 싶은 밤이다

찬바람 내달리는 들판에서 달달 떨며 전신을 맡긴
가을걷이 끝난 텅 빈 들녘에 허전함 같은 공허한 밤이다

울고 싶어도 고함치고 싶어도 안으로만 삭여야 하는
처절하게 비통한 나의 참모습만 보이는 깜깜한 밤이다

추운 밤을 가지에 웅크리고 앉아 흔들리고 떨며
찬 눈바람 속에서 터지려는 매화송이같이 시린 밤이다

팔공산 갓바위

꼬불꼬불 가파른 돌계단을
말없이 숨 헐떡거리며 올라간다
이고 지고 메고 들고
한 가지씩 간절한 소망을 가슴에 품고
세파에 찌든 썩은 숨 토해내며 올라간다

천 년 세월을 무겁게 눌러앉은 채
언제나 미소 짓는 관봉석조 여래좌상
등 굽고 다리 굽은 할아버지 할머니
쪽 곧은 처녀 총각에 이르기까지
땀 닦으며 개미처럼 기어 올라간다

그 모진 풍설에도 남쪽만 바라보며
미동도 하지 않는 갓바위 앞에
두 손 모으고 머리 조아려 빈다
우리 남편 돈 많이 벌게 해 달라고
우리 아들 고시 합격시켜 달라고

묵은 한(恨)을 가쁜 숨으로 토해내며
갓바위 오르는 길은 밤낮이 따로 없다
남녀노소 소망 없는 자 어디 있으랴
시주하고 촛불 켜고 참 마음으로 빌면
한 가지 소원은 꼭 성취시켜 준단다

삭다리 하러 가는 길

아침밥 일찍 먹고 짚신 한 켤레 지게에 매달고
소갓재를 넘어 억골 지나 절골도 지나서
맹그장 바라미*로 삭다리* 하러 간다
4월에도 사람이 얼어 죽었다는 험한 곳

장작개비가 휴지조각처럼 날려가는 맹그장 바라미
풀도 없는 민둥산에 눈바람이 앞을 가로막아도
돌개바람이 흙먼지를 하늘로 휘감아 올려도
우박 같은 싸래기눈 눈 못 뜨게 쏟아져도

삭다리 해오지 않으면 안 되었던 그 시절
나무 없는 민둥산은 바람 지나다니기 아주 좋고
바늘이 흩어져도 찾을 만큼 밑이 마알간 산들
맹그장 바라미 오르는 길은 길고 험하다

차마고도 오르는 준령보다 굽고 멀고 가파르다
그 길을 삭다리 짊어지고 오르내렸던 옛 어른들

그때 나무는 사람이 죽느냐 사느냐를 가름할 만큼
아주 소중하여 나무 해다 팔지 않으면 살 수 없었다

---

* 맹그장 바라미 : 길이 험하고 바람 센 산길
* 삭다리 : 살아있는 나무에 붙어있는 말라 죽은 가지. 또는 큰 나무를 베고 잘라버린 가지들

소매물도

장승처럼 우뚝 솟은 키 큰 괴석들
출렁이는 바닷물에 무릎까지 담그고
부서지는 하얀 물에 씻고 또 씻은
백옥 같은 몸통은 다 드러내 놓았다

햇살이 따가운지 눈비 맞기 싫은지
우산도 되어 주고 양산도 되어 주는
가지 넓은 소나무 몇 그루만 이고 서 있다

미끈한 몸통은 실오라기 하나도 걸치지 않아
청정하고 올곧은 몸 봐도 또 보고 싶고
어떤 유혹에도 한눈팔지 않으며
발밑을 간질이는 물고기들 동무 삼는다

깜깜한 밤이면 돌아가는 등댓불 벗을 삼고
거칠게 몰아치는 눈보라와 맞싸우며
쉼 없이 넘실대는 검푸름만 바라본다

정월 대보름날 새벽에 타작한다

정월 열나흗날 저녁에 마른 수수대로
보리 이삭 만들고 조 이삭도 만들고
쟁기도 만들고 서래*도 만들고
괭이도 만들고 곰배*도 만들고
소도 만들고 말도 만들어

앞마당 거름더미에
가득히 꽂아 두었다가
보름날 첫 새벽에 모두 걷어다가
마당 한가운데 모아두고
지게 작대기로 타작을 한다

타작이 다 되었다 싶으면
검정 고무신짝으로 담아
백석이요 천석이요 외치면서
금년 농사 풍년 들기를 기원하며
거름더미에 가져다 붓는다

---

* 서래 : 논 고르는 기구

* 곰배 : 논이나 밭의 흙덩이를 부수는 나무망치

하얀 그리움

달무리에 바람 일고
검은 구름 몰려오니
별들도 움츠리고
숨어 버리네

동해를 바라보니
물결만 사나운데
취중에 행여 올까
다시 술잔 들어본다

눈발은 산을 넘어
흩뿌리는데
눈처럼 쌓이네
하얀 그리움

홍매화

고층 아파트 옹벽 밑 응달에
겨울 내내 언 거친 가지에
홍매화 봉오리 탐스럽게 맺혔다

아직도 함박눈이 흩날리고
아이들이 눈썰매 타는데
하얀 눈꽃 붉은 매화 함께 맺혔다

따스한 햇살 한 번도 제대로
받지 못한 깊은 옹벽 아래서
흰 눈을 밀치고 붉은 매화 피었다

한 겨울의 명상(瞑想)

장 살긴* 집앞 논 끄트머리에
천 살도 훨씬 넘을 것 같은 당나무는
아직도 그 자리에 그대로 서서
미동도 하지 않고 천 년을 더 바라본다

마른가지 맞물려 지어 둔 까치집
눈비는 맞아도 바람에는 끄떡 없이 견디고
깃털 모아 깔아 둔 따뜻한 자리에
새끼들은 자라 날아가고 없는 빈집이다

내 오랜 잔상 남아 있는 고향집 마당에
우물도 두레박도 간 곳이 없고
새벽을 깨우던 장닭의 긴 울음소리도
산토끼 잡고 노루를 따라가던 누렁이도 없다

여명에 이슬 밟던 건넝골은
가난에 짓눌린 내 삶의 새벽을 열던 곳
그곳은 내 절망을 감추고

배고픔을 이기려고 무던히 애쓰던 고향 산골

지금 누가 네 고향을 아느냐고 물으면
뒤안 반쯤 죽은 감나무에 앉은 까치가 웃겠지
눈 녹으면 둥지리봉 해오름 자리가
저만치 몇 발쯤 벗어나 있을 것 같다

---

* 장 살긴 : 논고랑이 긴 이쪽 저쪽

두류 공원에서

봄비 맞은 공원의 벚나무들
바람 타고 가늘게 손끝 놀려
하얀 꽃잎 그린다

유별나게 춥던 겨울
별나게 눈도 많던 겨울
이제는 거의 간 것 같다

올 봄은 눈빛보다 더 희게
더 소담스럽게 피우자고
손짓하며 약속한다

낙동강 수중보

드넓은 낙동강을 가로질러
튜브 수중보가 위용을 자랑한다
용치처럼 넘쳐 떨어지는
수중보 물소리는 지축을 흔들고
하얗게 부서지는 물거품의 성난 몸부림

공기압을 불어넣으면 수중보가 되고
공기압을 빼면 보가 없어진다
수중보를 잡아주는 콘크리트 받침대는
먹이를 찾는 백로들의 한가로운 휴식처

수중보를 뛰어넘지 못하는 물고기들은
보 밑에서 더 올라가지 못하고
막힌 물길을 원망하며
갈 길 찾아 이리 저리 맴돈다